AF208466

Freu di altied!

Pleseärege Geschichten
föar jung en ault

van Wilhelm Buddenberg

Wenn du wäint bis,
platt te proaten,
dann moss du et
nargends loaten.

Titelgestaltung: Martin Schröer, Getelo
Herstellung und Verlag: Books on Demand GmbH, Norderstedt
ISBN 3-8334-3728-6

Nachdruck nur mit Genehmigung
des Verfassers

Es ist wieder so weit, mein sechstes Büchlein ist fertig.

Im Jahre 1980 gab ich mein erstes Büchlein KAAL-CHEN UN LIESCHEN heraus. 1981 folgte FREU DI MET, 1982 FREU DI NOCH MOAL, 1983 FREU DI WEÄR und 1985 FREU DI VERDANN.

Wie mir immer wieder versichert wurde, haben viele Menschen Freude daran gehabt. Das freut mich von Herzen.

Heute lege ich Ihnen mein sechstes Büchlein vor:

FREU DI ALTIED.

Ich hoffe, daß es allen Lesern Freude bereitet und sie lachen, schmunzeln oder auch hin und wieder nachdenken läßt.

Mögen meine Büchlein auch dazu beitragen, daß unser liebes Grafschafter Platt bei jung und alt weiterhin wachgehalten wird!

Weihnachten 1988

Freu di altied
met *Wilhelm Buddenberg*

Platt

In sine Kinnertied hadde Hans in Huus altied Platt proat'. Nu stedeärde hee in München un kwamm noa 'n half Joahr in de Semesterferien noa Huus up'n Burenhof. Hee döa soa, as wenn hee hoaste gin Platt meähr proaten kunn. Dat sall ja bi äinkele Mäinschen vöarkummen.

»Vater, wie nennt man noch dieses Ding?«

»Dumme Junge, dat is doch 'ne Schüppe.«

»Und was ist das für ein Gerät?«

»Du Aap, dat is 'n Schuffeltien.«

'n paar Tree wieder sött hee 'ne Harke, dee an de Müre lehnt. Hee will sine Froage stellen, men do trett hee met eenen Foot up de Harkentande, dat em dat Äinde van' Stell vöar 'n Kopp haut. »Heäremäinschen«, seg hee, »den verdummden Harkenstell.«

Do kunn hee ock weär Platt proaten!

Et Bröartien

Opa sitt moal weär met sinen Enkel Kaalchen tesammen. Dat is föar Kaalchen altied 'ne grote Freude. Hee kick sien Opa an un segg: »Opa, du hes gar gin Hoare, wu kump dat?«

Opa: »Dat kump van't Auler. Froger harr ick wal Hoare.«

Kaalchen: »Un du hes ock gin Tande in dinen Mund.«

Opa: »Dat kump ock van't Auler.«

Noa 'n paar Wecke krig Kaalchen 'n Bröartien (Brüderchen). Hee steht met Opa an't Berrechien un seg: »Opa, kiek is, hee hef gin Tande un gin Hoare. Ick glöawe, see hebbt uns anschmeärt, et is 'nen Aulen.«

Dat junge Paar

Heinz hef 'ne nije Freundin. See kennt sick eärst sint dree Moand.

Wu dee bäiden in' Stadtpark spezieren goaht', seg Wilma: »Token Sönndag hebb ick Geburtstag. Schenks du mi dann ock wat?«

Do kwamm Heinz ant Noadäinken. Vull Gäild hadde hee nich. He fröög: »Wat wos du dann gerne hebben?«

Wilma seg: »Velicht wat föar'n Arm of föar'n Hals.«

Do seg Heinz: »Gerne, Wilma, wat föar'ne Seepe bruks du dann?«

Et aule Auto

Willi woll gerne 'n Auto hebben. Vull Gäild hadde hee noch nich as Leärjunge in de Autowerkstatt, doarüm koffde hee et billegste Auto, wat hee kriegen kunn. Ider Oabend was hee d'r met ant Warken. Met Farwe wodde nich spoart. Nu was sien Auto soa wiet: Hee kunn d'r met föahren. In't nöachste Dorp trefft hee 'nen Freund, den seg: »Willi, wat hes du 'n moj Auto.«

»Joa, ick bin d'r ock schlimm blide met.«

»Men Willi, seg is, woarüm hes du dann eene Side brun un de annere Side grön strecken?«

»Ja«, seg Willi, »Köpfchen, Köpfchen! Wat meens du wal, wu de Tügen vöar Gericht ant Striden kummt, wenn ick moal 'nen Unfall hat hebbe.«

Noa de Karktied

Gerrit was in de Karke west. Hee was altied freundlek un pleseäreg; men nu was hee kottgedräit (kurz angebunden), want Gerda, sine Frau, hadde em seggt, hee sull noa de Karktied nich eärst met sine Freunde in de Weärtschup goahn. See wollen foart noa't Etten up Vesite. Dat paßde Gerrit gar nich. Wu hee weär in Huus is, frog Gerda: »Hef de Pestoar gut preekt?« Brummeg seg Gerrit: »Joawal.« »Woar dann ower?« »Ower de Sünde.« »Un wat hef hee seggt?« Heel kott seg Gerrit: »Hee was d'r tegen.«

Danken

Fritzi is doaran wäint, noa 't Etten 'n Dankgebet te sprecken. Doar brukt hee nich to upfordert wodden.

Nu hadden se Besöök un atten in 'ne Weärtschup. Et Etten was te Äinde, un de Vader hadde betahlt. Do keek de Moder up eähr Fritzi un sä: »Fritzi, wis du dann nich föar dat leckere Etten et Dankgebet sprecken?«

»Och, Mama«, seg Fritzi, »vandage bruk ick dat nich te doon. Papa hef doch betahlt.«

Dat Komma

»Hes du al höart«, frog Alfred, »dat unsen Freund Kurt nich meähr met sine Inge verlobt is? See söllt utmeka wesen.«

»Ja«, segg Fritz, »dat hebb ick ock höart, Hee will see nich.«

»Och«, segg Alfred, »dat hebb ick genau soa höart, men bi dine Wöarde fehlt 'n Komma: Hee will, see nich.«

»O, o«, segg Fritz, »wat kann 'n Komma doch wichtig wesen.«

7

Krank

Hans klingelt bi'n Doktor, den ock foart an de Döare kump. »Doktor, i mott' foart bi uns kommen, mine Frau hef schlimme Seärte in't Liew. Ick glöawe, et is Blinddarmentzündung.«

Den Doktor segg: »Make di ginne Sorgen. Doar kann nix peßeären.«

»Men Doktor, ick segge u, dat mine Frau et met'n Blinddarm hef.«

»Dat kann nich«, segg den Doktor, »ick hebb dine Frau vöar veär Joahr den Blinddarm d'r utnommen, un 'nen tweeden Blinddarm hef ock dine Frau nich.«

»Ja, Doktor, dat mag wal richteg wesen«, segg Hans, »men hebb i nich al moal höart, dat 'nen Mann to't tweede Moal traut is?«

Woar is minen Brill?

Wecker Brillendreeger hef dat wal nich in sien Lewen hunnertmoal froggt?

Wenn 'nen nijen Brill kofft wodd, dann gif et d'r wal 'n Etui un 'nen Lappen bi. De Mannlö hebbt d'r gin grote Last met, want see hebbt owerall Taschen in eähre Buxen un Jassen, sogar in' Pijama. Men bi Fraulö is et beschwöarleker. Woar söllt se den Brill döar Dag un Tied upbewahren? Soa geht dann dat ewege Söken noa'n Brill los. Besünners schlimm is et, wenn de Brillen nich altied brukt wodd'. Bi't Inkoapen is den Brill nich unbedingt nöadeg, men üm de Prise te lesen, wodd den Brill brukt. Un in Huus is den Brill bi't Stoffwischen, bi't Fäinsterputzen, bi't Stricken, Sticken, Näjen un bi't Lesen ock nöadeg.

Hunnert annere Gelegenhäiten kunn ick noch wal nömen, föar Mannlö un föar Fraulö.

Soadöaneg is et gin Wunder, dat de Brillen owerall liggen bliewt: Up de Näjmeschine, an't Telefon, in de Kökken, up'n Schriewdisch, in't Auto, bi't Inkoapen un, un, un ...

Wenn du dinen Brill verloaren hes: Ruhe, noadäinken, woar hee liggen kann; ock de Kijner inspannen bi't Söken, dat hef mien Mama froger ock met mi doan; un däinke ock doaran, dat den Brill velicht bi di up de Nöse sitt.

Forellen

Forellen bint leckere Fische, ick mag se ock gerne. In de Weärtschuppen kann man se etten as Forelle blau - dee bint kockt - of as Forelle Müllerin - dee bint broaden. Bäide Soarten schmakt gut, ampatt (besonders) met leckere Eärappel, Bottersoße un Slaot.

Bernd woll föar sick un sine Frau an 'nen »Forellenteich« twee Forellen angeln, men hee hadde gin Glück. Up de Weg noa Huus geht hee in' Fischgeschäft un seg: »Schmiet mi eben twee Forellen ower de Tönebanke (Tresen).«

»Schmieten?«, frog den Koapmann.

»Joa, schmieten. Dann kann ick teminsten met'n schoan Gewetten mine Frau seggen, dat ick se fangen hebbe.«

Noa de Jagd

De aule Baas güng gerne up Jagd. Un noaheär satt hee in de Weärtschup, woar hee 'n paar Söpies drünk.

In de Gemeende was bloß eenen Doktor, den ower Dag

gin Tied hadde, up Jagd te goahn. Men 's oawends satt hee ock gerne 'n half Ührtien in de Weärtschup. Un doar tröff hee dann gewöhnlek den aulen Jäger, den gerne vertäilde, wat hee schotten hadde.

»Doktor, weet i, wat ick vandage schotten hebbe?«

»Joa, dat weet ick genau«, segg den Dokter, »hee is al bi mi wesst in de Spreckstunde. Ick hebb em sien Achterdeel verbunden.«

Lachen

De Baas van't Büro makde gerne Witze, woar se gewöhnlek alle ower lachden, wenn 'm d'r ock mangs gar nich ower lachen kunn. Men de Baas freude sick ower dat Lachen un reckende et sine Lö hoch an. Wenn se nich lachden, was hee verargert.

Georg höarde al lange to den Betrieb un begünn soa langsam an te söckeln, hee kunn nich meär soa recht.

Wu de Baas is weär 'nen Witz vertäilde, lachde Georg nich met. Alle wunnerden sick, un Gerrit froggde em, wu Georg doch woagen kunn, nich met te lachen.

»Den Gefallen do ick de Baas nich meär, ick höare in vetteen Dage up.«

Den Kuli

Well is d'r meent? Den Kuli in China, den de Lö in sine Koare utföhrt? Of Kuli van't Fernsehen? Of 'nen Kogelschriewer? Et Lesste is meent.

Wu ick vöar achtunsesteg Joahr in de Schole kwamm, hadde ick 'ne Läie (Schiefertafel), woar 'nen natten Spuns (Schwamm) un 'nen dröagen Lappen an höing.

Un in de Schooltasche, dee up de Rügge drogen wodde, was ock 'nen Pennenköcker (Federkasten) met 'n Pennenstöckien, 'ne Läipenne un 'n Pottloat (Bleistift). Un dann gaf et natürlek ock Hefte, 'ne Fibel un 'n Reckenbook.

In de Schoolbank wassen Pötties met Dijnte. Later kwammen soa sachies de Füllers in Mode, men dee hadden eärst bloß Kijner van rike Lö, wat sick soa langsam annerde. Ick hebbe later to Wihnachten 'nen Füller kreegen, woar ick schlimm geck met was. De Penne hef lange hollen, men den Füller föll mi eenes Dags in de Köcken bi de Schoolarbäiten up de Floare. Hee hadde 'nen Schöar in't Liew, un de Dijnte lööp d'r ut. Men ick wüss mi te helpen: 'n Ploaster d'r up, un den Invaliden hef mi noch lange deent in de Schole. Ick weet noch, dat ick dann to de Konfirmation 'nen nijen Füller kreeg, wat 'ne Bliedschup!

Vandage gif et noch Füllers, men de meesten schriewt met Kulis. Wenn de Mine löög ist, kann 'ne nije insett' wodden, men dat blif d'r gewöhnlek bi. Un alle Minen paßt ock nich. Soa gif et in idern Huushault 'ne heele Masse Kulis, dee up 'ne nije Mine wocht. Un wenn 'm gawwe wat upschriewen will, dann dött den Kuli nich. Faker hebb ick up Schriewdische 'n Pöttien met Kulis sehn. Ick hebb se prebeärt, men see döan nich. Minen koapen? Dat blif d'r bi. Kulis wegschmieten? Dat is te jammer.

Kulis wodd' nich klaut, see hebbt ja ginnen groten Weärt. Men see wodd' doch faker instocken, sunder dat de Lö willt. Ick mott eährlek seggen, dat ick ock faker 'nen Kuli in' Tück hebbe, den mi nich gehöart. Kottens hadde ick 'nen Kuli van 'n Hotel in München, un ick bin sijnt söwen Joahr nich meähr in München wesst. Ick weet vandage noch nich, well hee höart.

Un doarüm, leewe Frauen: Wenn de Mann in de Jasse 'nen Kuli hef van 'nen Nachtclub, versichtig, nich futern, hee is d'r velicht gar nich wesst.

Anschmeärt

Willi was twee Joahr traut. Et eärste Kind, 'n Jünkien, was dree Moand ault. Baide, Willi un sine Hanni, wassen d'r schlimm geck met.

Willi was heel gut to sine Hanni; men twee- of dreemoal in't Joahr schlöög he met sine Freunde ower de Strenge. Dann kwamm hee schlimm late noa Huus, un dat sull sine leewe Hanni ja nich marken.

Heel sachies geht hee in de Schloapkamer un treckt sick ut. In' Pijama sett' hee sick up de Berrekante, schütt' de Kinnerwage hen un weär un sing: »Schloap, mien kläine Fritzi, schloap men sööt un sacht ...«

Do wodd sine Hanni wacker un segg: »Wat döss du doar dann?«

Do segg Willi: »Ja, Hanni, du liggs doar un schlapps, un unse leewe Fritz bleärt.«

»Willi, wu kanns du doch sao lögen«, segg Hanni, »Fritzi schlapp moj in mine Arme.«

Middagetten

Heinz un Frida bint al ower 'n Joahr traut. Dee bäiden verstaoht' sick gut, men et gif doch mangs wat, woar Heinz nich met tefree is. Besüiners ower et Middagetten hef hee faker te klagen; dat schmakt em säilden soa gut wu froger in Huus. Men Heinz will et met sine leewe Frida nich verdarwen un segg nix.

Eenes Dags wodd et em doch te bunt, want et Etten hef em weär gar nich schmakt. Hee haalt deep Luft un segg: »Leewe Frida, ick mug wal is wetten, wenneär du soa gut kocken kanns wu mien Mama.«

Dat was 'nen hatten Schlag föär Frida. Men et hef starke Nerven, denkt eben noa un segg: »Kocken, soa gut wu dien Mama? Dat kann ick dann, wenn du soa vull verdeens wu mien Papa.«

Den Test

Wenn d'r vandage in de Krante Leährstellen utschrewen wodd', dann meldet sick 'ne heele Masse Wichter un Jungs. Faker bint et füfteg of noch vull meähr.

Soawat de Hälfte wodd' d'r is eärst noa de Pepiere utschmetten. Dee annern wod' dann prüft, schriftlek un mündlek. Doarto kummt dann faker »kloke« Lö van wider weg, de sick well weet wat utdacht' hebbt. Doar sitt' dann de arme Jungs und Wichter, eenege frij, annere schüchtern un bange. Un dann wodd' se testet (dat Wort gif et nich up Platt!).

Den Direktor hadde faker Klagen ower disse Tests höart, doarüm woll hee et sölws is metbelewen. Hee sett'de sick in de achterste Bank un makde alles met. Wu hee noa Huus kwamm, sä hee to sine Frau: »Ick hebb den Test nich bestoahn. Wat is et doch gut, dat ick al Direktor bin.«

De Ümfroage

Doar was 'ne Krante (Zeitung), dee hadde eähre Leser froggt noa Böker, dee eähr holpen hadden in eähr Lewen.

'ne heele Masse Antworten wassen ingoahn: De Bibel un et Gesangbook; den Duden, üm de Wöarde richteg schriewen te können; Wilhelm Tell met dat Woart: »Wir wollen sein ein einig Volk von Brüdern«; Karl Sauvagerd met dat Wort: »De Groafschup is föar uns et mojste Land, dat blif't föar alle Tied.«

Ick kann dee Antworten nich alle uptellen. Men eene Antwort up de Froage noa Böker, dee eähr in eähr Lewen holpen hadden, hef mi besünners gefallen: »Et Kockbook van mien Moder un et Spoarbook van mien Vader.«

Ballechies

Ballechies (Frikadellen) mag ick gerne. Soa was et ock bi Heinrich, den 'nen guden Etter was un d'r wal 'n Stück of sesse bi't Middagetten van verdrücken kunn.

Nu was hee krank, un de Dokter hadde em roaden, wäineger te etten. Dat was nich licht te befolgen, want Heinrich was wal 'nen guden Arbäiter, men hee döa nix lewer as etten. Doarüm was hee ock vull te dick.

's morgens sä sine Frau: »Heinrich, vandage gif et Ballechies. Of de Dokter dat wal hebben will?«

»Dat glöawe ick wal. Anners hebb ick sesse etten; dann broa mi nu bloß veäre; men - make se 'n bettien grötter.«

14

Karneval

Vöar 'n paar Dage tröff ick twee gude Bekäinden, dee ider Joahr bi'n Karneval düfteg metmakt: Heinz un Willi. Ick fröög de bäiden, of se ock an den Festoawend deelnemmen wollen. - Natürlek wollen se dat.

Heinz sä: »Ick goah as Schosteenfeger. Dat schwatte Tüg hebb ick al un alles, wat 'nen Schosteenfeger hebben mott. Un et Gesichte makt mine Frau mi schwatt.«

Do segg Willi, 'nen pleaseäregen Kerl, den vull Gäild föar sick brukt un gewöhnlek ne löge Knippe hef: »Ick goah as Känguruh.«

Do was ick platt. Känguruh?

»Willi«, sä ick, »dat paßt gut to di. Di gehs noa'n Karneval met 'n lögen Büül un - maks doch wide Sprünge, genau so wu 'n Känguruh.«

Giereg

Karl güng noch wal gerne in de Weärtschup. Weil de Weärt schlimm giereg (geizig) was, güng hee doar nich soa gerne hen; men hee döa et doch, weil de annere Weärtschup in't Dorp vull wider weg lag.

Nu was Karl weär in de Weärtschup un dachde: Vandage sall ick di kriegen. He frog: »Wuvull Fare (Fässer) Beär schenks du soa in de Wecke ut?«

Weärt: »Ungefähr dree.«

Karl: »Wis du dann 'n Fatt meähr verkoapen?«

»Natürlek, wal gerne.«

Karl: »Ick weet 'nen guten Roat. Dann mos du de Glase richteg vull maken.«

Boahren

Et was ajt gemütlek, besüiners 's oawends dat kotte Settien an de Theke, woar dann et Nijste vertellt wodde. Mangs wassen et ock pleseärege Pröaties, natürlek up Platt.

An eenen Oawend satt 'nen Mann an de Theke, den wi alle nich käinden. Hee höarde gut to un nickkoppde ock mangs. Hee muß also wal Platt verstoahn.

Ick was nijschiereg un fröög, woar hee vandann kwamm. - »Ut Lingen.«

»O«, sä ick, »Lingsche Wijnd - Wat do i doar dann?« Hee lachde 'n bettien un sä: »Ick hebb doar 'nen kläinen Boahrbetrieb.«

»Boahrbetrieb?«, sä ick. »Ick kenne bloß Deilmann un Elwerath un Preußag.«

»Minen Betrieb is vull kläiner, bi mi warkt bloß twee Wichter.« »Dat begriep ick nich«, sä ick.

Nu muß hee noch meähr lachen un sä: »Dat könn i ock nich begriepen. Ick bin Kusendoktor.«

Prozent

'nen aulen Mester - hee unnerrichde am meesten un am leewsten in Mathematik - güing kottens döar de Hauptstroate van Nethoarn. Do sött hee 'nen frogeren Schüler, denn wal 'nen leewen Jungen west was, men in Mathematik hadde de Mester em wäineg of nix bibrengen können. Wu den jungen Mann in sinen schwoaren Mercedes instiegen will, segg sinen aulen Mester: »Bis du nich Johann Albers, minen ehemaligen Schüler?«

»Joa«, segg Johann, »un i bint minen aulen Mester.«

»Johann, ick freu mi, dat ick di weärseh. Wu geht et di? Stehs du altied noch up Kriegsfuß met de Mathematik?«

»Nee, Mester«, segg Johann, »et geht mi gut. Ick koape in'n Kohlenpott owerall allerläi Sachen, besüiners aule Kisten, Stück föar eene Mark. Un dann verkoape ick se weär föar veär Mark. Un van dee dree Prozent leewe ick gut, heel gut. Dat könn i ja an mien Auto sehn.«

Den aulen Mester güing noa Huus un dachde: »Well weet as Mester, wat ut de Kijner wott. Lebenstüchtig un flieteg mott' se wesen, dann könnt se Gäild verdeenen, ock wenn se nich weet', wat 'n Prozent is.

Reckenstunde

Fritzi spöilt Schole met sinen Freund Anton, den twee Joahr äuler is: Recken!

Weil Fritzi sien Papa faker angeln geht, frogg Anton: »Fritzi, wenn dien Papa 'nen Oal van twee Pund, 'nen Snook (Hecht) van fiew Pund un 'nen Karpfen van sess Pund fang, wuvull Pund hef hee dann tesammen fangen?«

Fritzi kann gut recken, wenn hee ock sine Finger doarto brukt. Hee denkt eben noa, un dann segg hee: »Äigentlek bint dat datteen Pund, men wu ick mien Papa kenne, hef hee dann teminsten datteg Pund fangen.«

Den leuen Anton

Wi weet' alle, dat et ock in de Schole flietege un leue (faule) Schoolkijner, ock kloke un dumme un ock Middelmoat gif.

Anton was in't dade Schooljoahr un nich eene van de Besten in sine Klasse. De Mester hadde al 'n paarmoal met de Vader sprokken, men denn was soa van sinen Anton owertügt, dat hee de Mester nich glöawde.

Nu hadde Anton weär in Huus ower de Mester klagt. Doarum güing de Vader noa de Schole, Anton was d'r bi.

»Ja, Mester«, segg de Vader, »minen Anton klagt altied noch. Hee wott benoadeelegt, i nemmt em d'r vull meähr an as annere Kijner, un hee kann u nix recht maken.«

»Wat sall ick nu noch vertellen«, segg de Mester. »Anton is leu, in de Schole paßt hee nich up, un sine Schoolarbäiten makt hee heel flüchteg. Dat mott anners wodden.«

»Mester«, segg de Vader, »dat glöawe ick nu nich. Unsen Anton gif sick grote Möite, un recken kann hee ock better, as i meent.«

Do wott de Mester 'n bettien helleg un segg: »I bint eene van dee wäinge Aulers, dee de Kijner altied de Hand vöar'n Eärs hollt. Wenn de Kijner klook bint, dann is et de Erbmasse van de Aulers; un wenn se dumm bint, dann is et de Schuld van de Mesters. Ick sall u bewiesen, wu wäineg Anton kann.« Un dann segg de Mester: »Anton, wuvull is dree moal veäre?«

Anton denkt eben noa, un dann segg hee: »Sösse wal, Papa? Nu fang hee al weär soa an.«

Siringen

Wat moj, nu is et Vöarjoahr doar! Wi hebbt d'r ock lange genoog up wocht'. Tulpen un annere moje Blomen makt uns Plesëar, un bauld is et soa wiet, dat ock de Siringen blöjt.

Wat mag dat doch wal wesen: Siringen? 'ne heele Masse Lö söllt et noch wal wetten: Et is Flieder, den in't Vöarjoahr soa moj in unse Göarns blöjt.

Wolfgang kwamm in'n Manufakturwarengeschäft; froger wodde Plünnenladen seggt.

»Ick woll wal 'n Bowenhemd koapen«, segg Wolfgang.

»Wecke Kragenwiede?«

»Eenunvetteg.«

»Un wecke Farwe?«

»Wu Siringen.«

»Wat is dat dann? Siringen kenne ick nich.«

»Dat is Flieder.«

»Dat spiet' mij, fliederfarbene Hemden hebb wi nich.«

»Men ick hebb doch eent in't Schaufäinster sehn.«

»Dat kann ick mi nich däinken.« - Men see goaht' doch bäide noa buten.

»Doar ligg dat Hemd, wat ick meene.«

De Verköaperin kick Wolfgang verwunnert an und segg: »Dat Hemd is doch nich fliederfarben, dat is doch witt.«

»Och, Frollein«, segg Wolfgang, »hebb i dann noch nojt witte Siringen sehn? - Un kenn i nich dat moje Lied: Wenn der weiße Flieder wieder blüht?«

... *meka*

... meka, dat is 'n Woart, wat in unse Groafschup heel faker brukt wott. Vöarmeka, dat hett aigentlek voreinander. Men gewöhnlek bedutt et: Datt hebb ick rett', dat is in Odder, dat he'ck vöarmeka. - In äinkele Gemeenden van uns Groafschup säigt se vöarnanner. Dat is meähr hochdütsch.

Kottens tröff ick den Sönn van 'nen aulen Bekäinden. Ick frög em: »Wu geht et dien Papa?«

«Oareg gut; men et Gehöge (Gedächtnis) is nich meähr soa gut, hee is mangs 'n bettien döarmeka.«

»Dat spiet' mij«, sä ick, »schmakt em et Etten dann noch?«

«O, joa, etten dött hee gut un am leewsten 'nen Pott döarmeka.«

Wu ick in Huus was, hebb ick doarower noadacht. Döarmeka: Gehöge döarmeka, Pott döarmeka ...

Un do hebb ick an mine Scholtied dacht. Verhältniswörter 3. Fall: mit - metmeka, nach - noameka, bei - bimeka, von - vanmeka, zu - tomeka, aus - utmeka. 3. oder 4. Fall: an - anmeka, auf - upmeka, hinter - achtermeka, neben - tegenmaka, in - inmeka, über - owermeka, unter - unnermeka, vor - vörmeka, zwischen - tüschenmeka. 4. Fall: durch - döarmeka, für - föarmeka, ohne - sundermeka, um - ümmeka, gegen - tegenmeka.

Nu kann ick met all dee Wöarde 'ne heele Masse Sätze schriewen: Hier bloß dit met Frida un Gerrit, dee sick gerne lien mögt. Met ider Woart bloß eenen Satz:

Gerrit un Frida loopt metmeka. See kiekt schlimm gerne noameka. See bint faker bimeka. See loat' nich vanmeka. See hollt alltied tomeka. See goat' nich utmeka.

See hangt anmeka. See verloat' sich upmeka. See goaht' nich achtermeka, see goaht' alltied tegenmeka. Spezieren goaht' se met de Häinties inmeka. See proat' nojt schlecht owermeka. See hebbt gin Verschell (Streit) unnermeka. See hebbt eähr Wark vöarmeka. Et is tüschenmeka alles in Odder.

See loopt vull döarmeka. See sorgt altied föarmeka. See könnt nich sundermeka. See sorgt sick ümmeka. See bint nojt tegenmeka.

Wu ick dit alle vöarmeka hadde, hebb ick dacht: Wilhelm, dat is nich schlecht. Dien Gehöge is noch nich döarmeka, un et Etten schmakt ock noch, am besten 'nen Pott döarmeka.

Wat is uns Platt doch moj!

Kniepreg

Karl was wal 'nen freundleken Mann, men hee was schlimm giereg, söneg un kniepreg (geizig), un sine Frau was dat ock.

Kottens tröff Karl sinen aulen Freund Willi up de Stroate. See hadden sick 'ne heele Masse te vertellen. Weil se bäide nich vull Tied hadden, sä Willi: »Karl, wi hebbt soa vull te proaten. Dat Beste is, ick besöök di moal.«

»Joa«, segg den sönegen Karl, »dat is gut. Dann kumm doch token Sönndag foart noa't Middagetten, dann kanns du to't Koffidrinken weär in Huus wesen.«

Dat Söpien

Anton un Franz stoaht' moal weär an de Theke. »Anton, wess du, wennär et Söpien am besten schmakt?« »Nao Fieroabend«, segg Anton, »dann bekump et mi am besten.« »Ne, Anton, ick meene, in wecke Joahrtied.« Anton segg: »Dat Söpien schmakt mi am allerbesten in't Winter, dann woarmt et minen Buuk.« »Ick meene, dat et am besten schmakt, wenn de Dannen grön bint.« Anton: »Du Quakert, de Dannen bint doch altied grön.« »Ja«, segg Franz, »jüst doarüm.«

Moos-Etten

Nu is et weär soa wiet, dat d'r Moos (Grünkohl) etten wott: In de Femilien un ock in de Weärtschuppen, in kläine un in gröttere Gruppen. Un dat is in de Groafschup in't Wijnter 'n ault Gebruk.

Borgmanns Bernd verbaude in't Wijnter in sinen Goaren 'ne heele Masse Moos. Dat att he schlimm gern, besünners, wenn d'r 'ne Mettwost in was, leewer aber noch 'ne Hasenbille, un Hasen gaf et wal mangs in sinen Goaren, woar se sien Moos fratten.

In de Heege was 'n Gatt (Loch), un doar makde Bernd 'n Strüpp (Schlinge) in faste. Van dit Strüpp güing 'nen Droaht up de Delle, un doar was 'ne Klingel an. Wenn 'nen Hasen in't Strüpp satt, höarde Bernd de Klingel. He lööp dann in' Goaren un haalde den Broaden. Wat 'ne Bliedschup! Hee sä: »Wenn de Hasen mien Moos frett', dann kann ick ock de Hasen etten.« Soadöaneg hadde Bernd 'n schoan Gewetten.

Men dee Sake bleew nich gehäim, un eenes Dags kwamm de Schendarm un füind dat Strüpp un den Droaht met de Klingel. »Fangen Sie Hasen?«

»Joa, Herr Schendarm, dat do ick. Dee Luders frett' mi mien heele Moos of.«

»Das dürfen Sie doch nicht, das ist ja Wilddieberei!«

»Dat is heel wat anneres, Schendarm, dat is 'ne gerechte Straffe. - Höar i? Et klingelt. Un nu kummt is eben met. Doar sitt 'nen Hasen in't Strüpp.«

Joa, doar satt tatsächlek 'nen Hasen in ant Strampeln.

Dann tröck Bernd dat vullgefrettene Deär ut' Strüpp, leggde den Hasen ower't Knee, gaf em 'n paar Klapp vöar 'n Eäars un lööt em lopen.

Un dann sä Bernd to den verblüfften Schendarm: »Soa do ick dat altied bi Hasen, dee mien Moos frett'. Dat Luder kump nich weär, hee hef sine Straffe weg.«

Den Schendarm schüttekopde, steeg up sine Fietze un föahrde weg. Wat sull hee ock anners doon?

De Geck anstecken

Egon steckt sine Frau gerne de Geck an (veräppeln). Nu sitt hee an't Fäinster un kick up de Stroate. Up eenmoal rop hee sine Frau to: »Else, kiek is, doar steht 'ne Frau, woar unsen Freund Walter soa geck noa is.«

Egons Frau is in de Köcken an't Ofwaschen. See lat dat Wark stoahn un lop in de Wunnkamer. Nijschiereg kick see noa buten. »Woar is se dann?«

»Doar bi de Stroatenlöchte!«

»Du Geck, dat is doch Walter sine Frau.«

»Natürlek«, seg Egon, »wat i Fraulö u ock foart alle denkt.«

De Koh

Fritzi is 'n klook Kerltien; hee kann sogar al Kohne melken, wat hee bi sinen Noaber leährt hef. Sölfs hebbt de Lö bloß 'n paar Schoape.

Tegen Oabend kump Fritzi in die Köcken un seg: »Papa, doar is 'ne Koh bi uns in' Goaren in de Mangelwotteln (Runkelrüben).« De Vader kick noa buten un sött de Koh met 'n vullen Gedder (Euter). Do segg hee: »Hier hes du 'nen Emmer. Proate nich soa lange, do se melken!«

Sööt

Et gif vull söte Saken: Zucker, Schokolade, Stroop (Sirup), Honneg ...

Honneg wodde froger gerne up de Brügge (Butterbrot) strecken, Stroop gaf et faker bi de Pannekoken.

Gerrit hadde 'ne Freundin. Dee bäiden muggen sick gerne lien un wassen hoaste ider Oawend bimeka. Weil de Freundin Almut gerne moal 'nen Pannekoken etten woll, sä Gerrit: »Et gif in de Groafschup wal owerall leckere Pannekoken, men loat uns is moal noa Georgsdorp föahren.«

Noa 't Etten föahrden se in eähr kläine Auto noa Huus, men vöar Nethoarn höllen se noch eben an. »Gerrit«, segg Almut, »du bis heel lieb. Ick mag di schlimm gerne lien. Du bis den besten Gerrit van de Welt. Men, segge du mi ock doch 'n sööt Wort.«

Wat sull Gerrit dann seggen? Hee dachde an de leckere Pannekoken un sä: »Stroop.«

Flöjten un Schlickern

Wu ick noch 'nen Schooljungen was, hadden wi Noabers, dee 'nen groten Kassenboam in'n Goarn hadden met heel leckere Kassen (Kirschen). Wenn se riep wassen, muß ick helpen bi't Plücken. Dee aule Möje stünn dann unner'n Boam un rööp mi to: »Willem, du moß flöjten.« Un wenn et weär 'n Settien stille was - ick woll ja ock gerne moal 'n paar Kassen etten -, dann rööp see weär: »Willem, kanns du nich meähr flöjten?«

Ick hebbe d'r later faker üm lacht. Wu ick dat minen Freund Georg vertäilde, meende hee, dat hee ock as Junge Ähnlekes beleewt hadde. Eenmoal hadde sien Moder em noa'n Koapmann stürt, he sull twee Pund Stroop (Sirup) halen. Föar de grote Femili wodde föar de Bookwäiten-Pannekoken noch wal vull Stroop brukt. Wu de Moder Georg twee Emmerties metgaw, fröög de Noabersfrau: »Du hes doar doch wal'n grötter Emmertien, woarüm giws du em dann twee kläine met?« »Ja«, seg de Moder, »föar ider Hand een Emmertien, dann kann hee d'r nich met de Finger ingoahn un d'r an schlickern.«

Soa klook wassen froger de Lö. - Schön ist die Jugendzeit ...!

In Pestoar sinen Goaren

De Pestoar was 'nen heel freundleken Mann. Hee hadde 'n gut Hatte (Herz) föar de Mäinschen, besünners föar Kijner.

Achter sien Huus was 'nen Goaren met 'nen groten Kassenboam. Nu wodde et em doch te bunt: De Jungs ut de Noaberschup atten em meähr Kassen weg as de Vögel. Doarüm hef hee 'n Plekoat in' Boam hangen met de Upschrift: »Gott sieht alles!«

De Jungs hebbt dat lesen un wal 'n bettien Schrick kregen. Dree Dage hadde den Boam Röste; men dann was et weär soa wiet: Fritzi un Kaalchen un Ludwig satten d'r weär in un löten sick de leckeren Kassen gut schmaken. Fritzi was as eärsten in den Kassenboam klettert un hadde unner dat Plekoat met de Upschrift »Gott sieht alles« schrewen: »Men Gott verklappt uns nich.«

Eene Rose

Rosen bint heel moje Blomen. Dat meent de meesten Mäinschen, ick ock. Bi mien Volk in Nijnhus hebb wi in' Goarn 'ne heele Masse Rosen, un doch hebbe ick lessten Harwsr noch weär twalf Rosen potten loaten. Ick kann nu de Tied nich ofwochten, üm te belewen, wat d'r ut wott. - In't Sommer brengt se mi faker 'nen groten Rosenstrauß, un doar hebb ick dann heel vull Pleseär an.

In't Winter gif et gin Rosen in unse Göarns, men wal in de Blomengeschäfte. Dann will ick gar nich 'nen groten Strauß hebben, eene moje Rose is genog. Ick do se dann in 'ne enge Vase ut Glas, ut döarsichteg Glas. Dat finn ick besünners moj, weil ick de Rose dann van bowen bis unner an't Äinde van' Stengel bewunnern kann. Un ider Wecke 'ne annere Farwe: Rosa, gell, lechtroat, dunkelroat of annere. - De Rose kost' bloß üm de twee Mark, un see is mi wal twinteg Mark weärt. Et is bi mi gin Sönegkäit, men in't Winter hebb ick an fiew of söwen Rosen nich soa vull Pleseär wu an dee eene Rose. - Dat woll ick u doch vertellen. - Fraulö, prebärt et is! Un ick mott besünners seggen: Mannlö, ock junge Lö, brengt de Frauen of de Moders of de Freundinnen is eene moje Rose met, dann maak i Plesär - föar't Oage un ock föar't Hatte.

Stipp in de Panne

Wat wassen de Mäinschen froger doch beschäiden, ock bi't Etten. 's middags gaf et faker Eärappel met 'n Speckhässien, dat wassen utgebroadene Pläckies Speck, un dat Fett was de Soße; Gemüse of Sloat gaf et säilden. Et is anners wodden in unse Groafschup, besünners unner de Lehrerinnen föar »Hauswirtschaft«, Fräulein Düker un annere. - Bi't »Frühstück« gaf et faker Stipp in de Panne. Wat was dat? De Side Speck hadde lange Tied in't Sault in' Pökel lägen un dann an' Wimel hangen. Met de Gaffel haalde de Moder 'ne Side van' Wimel un schneet d'r 'n paar Pläckies of. Wenn dee föar't Middagetten broaden wassen, wodden se Speckhässies of Speckeärßies nömt. Men föar Stipp in de Panne wodden de Speckpläckies in Stückies schneden un dann in de Panne sachies utbroaden. Frau Anges Lohmann ut Wietmoschen haf et mi genau vertäilt:

»Wi schneden unse Placke Stute in Stückies un stöcken een Stückien up unse Goabel (Forke), stippden in't Speckfett un sögen to, dat wi dann ock noch 'n Stückien Speck d'r up kregen.«

Heinrich hadde moal twee grote Stückies upspießt un blide ropen: »Ick hebb twee!« Et was moj, et was gemütlek, wi wassen dumoals tefree.

Vandage (heute) gif et Fondü. Loat' se men! Stipp in de Panne was ock moj. Junge Lö: Froagt is de Omas un Opas, see könnt u noch vull meähr ower et Etten in frogere Tieden (Risebrij, Bookwäitenpannekoken un soa) vertellen, wat ick hier nich alle schriewen kann.

Bi'n Doktor

De Frau hadde al 'n paar Dage schlimme Seärte (Schmerzen) in de linke Bost. Et woll nich better wodden, doarüm föahrde se eenes Morgens noa de Stadt, üm sick doar unnersöken te loaten. Up de Weg van' Bahnhof noa 'n Dokter kwamm se gawwe an't Schweten, want et was 'nen heeten Sommerdag. Gut, dat se bloß 'ne dünne Bluse antrocken hadde.

In de Hauptstroate söög se 'n Schijld Dr. Walter. Dat Wort Notar owersög se in de Drockte. Doar men in! Den Doktor was noch alleene. See tröck foart eähre Bluse ut, bevöar hee wat seggen kunn, un klagde: »Doktor, ick hebbe heel schlimme Seärte in de linke Bost.«

Den Doktor makt grote Oagen, geht 'n paar Tree trügge und segg: »Liebe Frau, ich bin Doktor der Rechte.« »O, o«, segg de Frau, »wat is't doch 'n Spill, föar ider Bost 'nen Doktor!«

Doarup is de Frau noa 'nen richtegen Doktor goahn, woar dumoals foart betahlt wodden muß. Wu se weär noa Huus kwamm, fröög eähren Mann:

»Wat hef den Doktor seggt?«

»Datteg Mark.«

»Nee, ick meene, wat du hat hes.«

»Twinteg Mark.«

»Wat bis du doch 'ne dumme Frau. Ick meene, wat di fehlt hef.«

»Tien Mark.«

Up de Banke

Hermann is pensioniert wodden. Nu hef he Tied, ock al vöarmiddags met sien leewe Hüntien spezieren te goahn. Hee sitt up de Banke in' Stadtpark, sien Fiffi tegen em. Do kump 'ne Frau un sett' sick tegen eähr. See sött schlimm strebanteg un upstrenoats (frech) ut.

»Nemmt dat Hüntien gefallegst van de Banke«, seg se frech.

Hermann will gin Verdreet bi dat moje Weär un näimp

sien Fiffi up 'n Schoat. Men hee is helleg up dat Schepsel.

Wu dat Hüntien noch moal noa dee Frau goahn will, seg Hermann:»Fiffi, bliewe hier, dat is nix föar di, dee is frecher as wi bäide tehoape.«

Dat muß dee Frau wal gar nich paßt hebben, want see hadde Hermann heel helleg (böse) ankecken un was weggoahn. Un dat leewe Fiffi was blide, dat et wäar ungestöart tegen sinen Baas up de Banke sitten duff.

Den nöachsten Dag was Hermann wäar met Fiffi in' Park. Hee settde sick tegen twee Frauen up 'ne Banke, et Hüntien tegen em.

»Wat hebb i 'n leew Hüntien«, seg de eene un ajde (strei-chelte) Fiffi. De annere gaf em 'n Stückien Schokela. Wat hef dat Hüntien sick freut!

»Ja«, seg Hermann, »soa leew un gut bint de Frauen. Dat freche Mäinsche van gistern will wi vergetten.« Un doar was Fiffi best met tefree.

Dat Tienmarkschientien

Heinz is met Willi in de Weärtschup. An' Dis tegenan sitt 'nen frömden Mann un kick altied wäar unner'n Dis un unner de Stöhle.

»Wat mag den Kerl wat söken«, frogg Heinz.

»Sine tien Mark.«

»Woar wess du dat van?«

»Dat Schientien lig hier unner'n Dis. Ick hebb minen Foot drup.«

Noa 'ne Stunde sitt' dee bäiden doar altied noch un hebbt al gut eenen in de Krone.

»Ick döff gin Söpien meähr drinken«, seg Heinz, »ick seh alles düppelt.«

Do haalt Willi dat Schientien unner sinen Foot weg, reekt et Heinz hen un seg: »Hier bint dee twee Tienmarkschienties, dee du mi kottens lehnt hes.«

Et nije Metoarrad

Bernd woll soa gerne 'n Metoarrad hebben, men sine Aulers wassen d'r tegen. See meenden, dat sönn Dinge te geföahrlek was, doarüm röden se em of.

Nu was hee twinteg Joahr ault un verdeende gut. Hoaste ider Dag lag hee sine Aulers an de Oahren. Tegen eähren Willen woll hee et nich koapen. De Aulers hadden dat dagsche Gesöare satt, see stemmdem to, un et Metoarrad wod'de kofft. Wat 'ne Bliedschup föar Bernd!

Noa'n paar Dage kump hee bi't Fußballtraining, bäide Arme un' Kopp verbunden.

Wat hes du doch, Bernd. Bis du in' Krieg wesst?«

»Von wegen Krieg«, segg Bernd. »ick föahrde van Brandlecht noa Nethoarn, do kwammen mi twee Lechter temöte. Ick weet nich, wu ick't hat hebbe, men ick dachde, dat et twee Mopeds wassen, un woll d'r tüschen döar.«

De Freunde: »Un wider?«

Bernd: »Un wider? Nix un wider. Et was 'nen Mercedes...«

Glück hat

Franz was 'nen heel düftegen Mann in sien Ambacht (Beruf). In sine frije Tied güing hee gerne up Jagd, besüijners froh morgens up'n Buck. Dann verlööt hee al vöar Dau un Dag soa tegen veär Ühr et Huus, sett'de sick up'n »Hochsitz« un wochde, dat 'nen Buck kwam, denn hee scheten woll.

Faker güing Franz ock 's noamiddags up Jagd. Noaher satten de Jagers dann noch bimeka, mangs wodde et schlimnm late. Wenn Franz dann noa Huus kwamm, hadde hee 'n schlecht Gewetten un Schrick vöar sine Frau. Et was ja ock heel late, un et wodde al 'n bettien lecht.

Vöar't Huus tröck hee sine Steewel ut, un dann güing hee sachies in de Schloapkamer. Hee hadde de Jasse un de Buxe al ut, do wodde sine Frau wacker. See keek em met grote Oagen an un sä: »Woarüm gehs du al soa froh up'n Buck? Du suss lewer schloapen.«

»Ja, Gerda«, seg Franz, »du hes recht. Wenn du meens, dann legge ick mi weär hen.«

Vöar Gericht

Hans steht vöar Gericht. Hee hadde nich vull verbrokken, soadöaneg hadde hee gin heel schlecht Gewetten. Un dann was hee ock noch 'nen Grappenmaker.

Den Richter frog em noa sinen Namen. Hans seg: »Schmitz ohne K.«

Den Richter kick verwunnert un frog: »Wie heißen Sie bitte?«

Do kump weär dee sölwe Antwort.

»Wieso«, segg den Richter, »Schmitz wird doch immer ohne K geschrieben.«

»Ja«, segg Hans, »dat segge ick doch de heele Tied.«

Up de Bank

Twee junge Lö, Franz un Hermann, satten bi moj Weär in' Stadtpark up de Banke. See verdeenden noch gin Gäild, un soadöaneg hadden dee bäiden ock noch gin Bankkonto.

See wollen gerne Arbäit hebben un hadden sick al faker bemöjt,men bis nu gin Glück hat.

Do haalt Franz 'n Fiewmarkstück ut sinen Jassentück un legg et up de Banke, up dee se satten.

Hermann segg: »Ick hebb nich dacht, dat du soa riek bis. Woarüm leggs du dat Gäildstück doar hen?«

»Och«, segg Franz, »ick woll is sehn, wat et föar 'n Geföhl is, wenn 'm Gäild up de Bank hef.«

Gerne lien

Heinz hadde wal mangs föar kotte Tied 'ne Freundin hat; men nu hadde hee eene, woar hee oareg Gefallen an hadde. Se güngen faker spezieren of hen danßen ock mangs hen etten. Wenn hee Gäild in de Knippe hadde, was em föar sine Liesel nix te dür.

Liesel was ock geck met eähren Heinz, see mug em gerne lien. Wenn se bimekasatten, streek see em faker ower de Hande. Dat mug Heinz gerne hebben un döa dat dann ock wal is bis sien Wicht. Dann wassen se bäide glückeg.

Proaten döa Heinz nich alltevull. - Wu se moal weär in de Weärtschup satten, woar se etten wollen, keek Liesel em heel leew an un sä: »Heinz, ick mag di gerne lien. Men du kunns mi ock wal is moal wat Mojes seggen.«

»Dat will ick wal, wat sall ick dann seggen?«

»Et gröttste Pleseär is föar mi, wenn du ock seggs: Ick mag di gerne lien.«

»Dat kann wal geböaren«, seg Heinz, »dat is 'n billeg Pleseär. - Men segge is, Liesel, wat is di leewer: Dat ick dat segge, wat du gerne höaren wis, of dat ick et Etten betahle?«

Do kwamm Liesel an't Noadäinken un sä heel schlicht un eenfach: »Bäides, leewen Heinz.«

»Ja, mien Wicht, dat will ick dann doon. Et Etten will ick wal betahlen, un ick segge ock: Ick mag di heel gerne lien.«

Later bint se traut, see hebbt dree schiere un gesunde Kijner, see bint glückeg un tefree, un - see mögt sick alle gerne lien.

Noch moal: Gerne lien

Wat hebb ick doch lessten Soaterdag 'n groot Pleseär hat! Ick was met Hanni bi minen Freund Georg un sine Elisabeth inladen.

See leest natürlek ock gerne mine Geschichten. Et Middagetten hadden se up. Elisabeth was in de Köcken goahn, üm oftewaschen, un Georg hadde sick in' Sessel sett'. Hee segg dann üm de Wiele: »Nu hebb ick lecker etten, un nu begeährt mien Licham Röste.« Doarbi hadde hee mine Geschichte »Gerne lien« lesen.

Wu Elisabeth in de Köcken kloar was, gaf et 'n Köppien Tee met 'n Möppien noa Groafschupper Meneäre. See satten weär gemütlek bimeka. Do segg Georg: »Elisabeth, legge dine Hand is hier up de Toafel.« Un dann strick Georg sine Frau ower de Hand un segg: »Elisabeth, ick mag di gerne lien.«

Elisabeth was verwunnert, want see bint al hoaste datteg Joahr traut, un segg: »Wat is dat dann, Georg, hes du 't noch gut? Of lopp di 't üm de Föte?«

»Nee«, segg Georg, »ick hebbe de Geschichte van Buddenbergs Wilm lesen ower dat junge Paar, dat sick ock ower 't Häintien streek. Un do hebb ick dacht: Dat döss du ock bi dine leewe Elisabeth, wenn wi foart 'n Köppien Tee drinkt. Dat hebb ick dann doan. Elisabeth hef sick freut. Un dat do ick nu faker ock in mien Auler un segge: »Ick mag di gerne, heel gerne lien.«

Of jung of ault, do et ock is moal!

Stroatenbahn

Wu ick noch in Hannover in' Landtag was, föahrde ick doar faker van' Bahnhof met de Stroatenbahn hen. Un dann kann man ja allerläj belewen.

In mine Nöachte stünn 'nen Mann, den faker up de Grund spijde (spuckte). Den Schaffner söög dat un frög, of hee nich lesen kunn.

Doar stünn doch groot anschrewen: Nicht in den Wagen spucken!

Den Mann owerlegde un sä noa 'n kott Settien, dat 'm dat nich alles soa genau befolgen brukde. Un dann wees hee up 'n Reklamebijld met 'n moj Wicht, woar unner stüind: Tragt Büstenhalter!

»Herr Schaffner«, sä hee, »dann wiest mi is uwen Büstenhalter!«

Besök

'nen jungen Mester is bi 'nen Bekäinden up Besök. Hee unnerhault sick ock mit de Kijner, besüiners met Gisela.

»Wu ault bis du dann, Gisela?«

»Ick bin sess Joahr.«

»Gehs du dann al in de Schole?«

»Joa, ick bin d'r kottens inkummen.«

Do segg de Mester: »Ick glöawe, du bis 'n klook Wichien. Of du wal roaden kanns, wat ick bin? Ick goah altied noch in de Schole.«

»O, o«, segg Gisela, »dann moss du wal schlimm dumm wesen.«

Et aule Auto

Wortmann will sien Auto - 'nen aulen Diesel met soawat hunnertdusend Kilometer - in de Werkstatt owerhalen loaten. Noa twee Stunde kump hee weär, üm gewahr te wodden, wat alle an sien Auto mekeärt.

Den Autoschlosser hef alles noakecken un 'ne heele Masse Fehler fastestäilt: Schlechte Reifen, Lechtmeschine nich in Odder, de Bremsen doot' ock nich meähr, un Ölli wott ock te vull verbrukt.

Do segg Wortmann: »Wees mi nich helleg, men dat verstoah ick nich.«

»Wat bin i dann van Beruf?«

»Ick bin Peärekoapmann.«

»Peäre«, segg den Autoschlosser, »wenn dien Auto 'n Peärd was, dann sull ick seggen: ,Foart up de Stee noatschlachten!'«

Dat Fiewmarkstück

Willi was kottens in Nethoarn döar de Hauptstroate goahn un hadde doar 'n Fiewmarkstück funnen. Wat 'n Glück! Wat sull hee d'r nu met doon? Bi't Fundbüro ofgewen? Doar kunn dann ja idereene kummen un seggen, dat em dat Gäildstück gehöarde. Dat kann ja doch nich noawesen wodden. Doarüm dachde Willi, dat hee et men föar sick behollen woll, un hee hadde doar gin schlecht Gewetten bi.

Soa stüind he bi Uhrmaker Hölscher up de Vechtebrügge. Hee hadde sine Ellbogen up 't Brüggengeländer stütt' un leggde dee Fiewmark van eene Hand in de annere. In de rechte Hand söög hee de Zahl un in de linke dann den Adler. Soa güing dat Gäildstück 'nen heelen Sett hen un weär, un bi dit Spöllen föllen de fiew Mark weg - in de Vechte.

Wat jammer, Willi was tröareg, heel tröareg,want hee hadde soa gerne bi Scheffer an de annere Vechtebrügge 'n lecker Söpien un 'n Glas Beär drunken. Soa keek hee wehmödeg up et Vechtewater noa sien Fiewmarkstück un sä: »Jammer, ick woll di versupen, men nich soa.«

In Urlaub

Heinz was met sine Anna in Urlaub in Ruhpolding. Wu se in eähr Hotel ankummen bint, segg Anna: »Du, Heinz, ick bin platt. Wat meens du, well ick hier sehn hebbe: Unsen Noaber Wessels Georg mit sine Frau! Wat söllt dee doch wal van uns däinken; wi hebbt eähr doch vertäilt, dat wi noa Spanien föahren wollen.«

»Och, Anna«, sä Heinz, »dat is nich soa schlimm, doar bruks du di gin Sorgen ower te maken. Wessels hebbt mi vertäilt, dat see noa Afrika flegen wollen.«

Loahn

Froger hadden de meesten Arbäiters noch gin Bankkonto. Frijdags kregen se eäre Loahntuten, woar dat verdeente Gäild in was. Faker güngen se dann in de

Weärtschup, verdrüinken d'r van heel wat, woar de Frauen sick dann ower argerden.

Karl hadde twee Mark te vull in sinen Tuten. Dat is moj, dachde hee, loat' se better uppassen.

De nöachste Wecke hadde hee twee Mark te wäineg un beschweärde sick. Dee Sake wod'de unnersocht, un doarbi wod'de ock den eärsten Fehler funnen.

Woarüm hee sick dann in de eärste Wecke nich beschweärt hadde, fröög den Prokurist. »Ja, dat will ick u seggen, wenn eenmoal 'nen Fehler makt wodd, dann segge ick nix. Men wenn dat noch moal peßeärt, dann höart de Geckhäit up. Dann beschweäre ick mi.«

Noa't Kegeln

See hadden 'nen mojen Kegeloabend hat.

Wu Gerd met sinen Freund Heinrich noa Huus wankt, glitt hee ut un fallt up de Rügge. In' Tück achter up'n Eärs hadde hee 'ne kläine Fläsche - 'nen Flachmann met Korn -, un doar was hee up fallen. De Fläsche was kepott, un de Glasstückies hadden em eene Eärsbacke beschadegt. Dat döa unwies seär.

Wu hee in Huus is, bekick hee sien Achterdeel vöar't Spegel. Hee hef Schrick, dat sine Frau dat markt, beklatt' sick dee Stellen met Hansaplast un legg sick dann rösteg in Bedde, weil ja nu gin Bloot in't Laken kummen kann.

's morgens is de Frau al froh wacker. Wu Gerd in de Köcken kump, seg sine Frau: »Was et moj bi't Kegeln? I hebbt ja noch wal 'n paar Söpies hat, wat?«

»Och«, seg Gerd, »et was heel moj, men soa schlimm was et ock nich.«

»So«, seg Mina, »söll ick dat glöawen? Woarüm hes du dann unsen Spegel met Heftpflaster beklatt?«

Pestoar un Gurken

Ick was in Paderborn up Visite inladen. Doar wassen soawat tien Personen, ock 'nen Pestoar, 'nen pleseäregen Mann.

Wu wi de Koffi met leckeren Koken up hadden, güng et an't Vertellen, natürlek ock pleseärege Saken. Ick vertäilde, dat 'n paar Jungs bi 'nen Pestoar in' Goarn Appel klaut hadden. 'n nöachsten Dag hadden se et nich meähr doan, weil de Pestoar 'n Plekoat in' Boam hangen hadde met de Upschrift: Gott sieht alles! - Do hadden de Jungs Schrick kregen.

'n paar Dage later hadden de Jungs alle weär sunder Schrick in den Boam setten, want Fritzi hadde unner dat Plekoat schrewen: Men hee verklappt uns nich!

See hebbt alle lacht, un dann vertäilde de Pestoar disse Geschichte: Sinen Kollegen hadde ock 'nen Goarn hat met heel moje Gurken. Eenes Morgens wassen se alle klaut - bis up eene. De Pestoar dachde, dat den Deew velicht nöachsten Sönndag in de Karke was, doarüm nömm hee dee Gurke met. Un dann hadde hee ower dat Gebot »Du sollst nicht stehlen« preekt un dat se em ut sinen Goarn alle Gurken klaut hadden bis up eene. Un dee hadde hee metbracht, un dee woll hee nu van de Kanzel den Deew an' Kopp schmieten. Hee käinde den Deew gar nich, men wu hee dat noch moal sä un dee Gurke hoch höilt, hadde 'ne Frau ropen: »Franz, bück di, hee schmitt.«

Un nu hadde de Pestoar un de heele Gemeende wetten, wel den Gurkendeew wesst was.

Röckies

Wenn kläine Kinner froger an't Lopen kwammen, kregen se Röckies an, ock de Jungs. Dann kunnen se et soa lopen loaten.

De Mama meende, dat Fritzi nu wal dröage was, doarüm koffde see em 'ne richtege kotte Buxe. Wat was dat Keärltien blide!

Men noa 'n paar Dage was de Mama helleg, want Fritzi hadde sick al fiewmoal de Buxe natt makt. Doarüm muss hee vöarlöpeg weär et Röckien dregen.

Eenen Dag later kwamm 'nen Poater, üm Gäild föar de nije Orgel te sammeln. De Frau güng eben noa buten, üm eähren Mann te halen.

Wu Fritzi nu met em alleene was, keek hee up den langen schwatten Rock (Soutane) un fröög: »Unkel, hes du di ock de Buxe natt makt?«

'n ault Versellseltien

Mien Vader hef disse Geschichte froger faker vertäilt.

Hermann was den öllsten Sönn in 'nen kläinen Betrieb. Ick weet nich meähr, of et Ambachtslö (Handwerker) of Buren of Koaplö wassen. Up ider Gefall kunnen se met Gäild gut ümgoahn. Sijnt Generationen hadden se doarföar sorgt, dat se de Planke liek höllen. Soa dachde Hermann ock.

Nu woll hee trauen, ümdat d'r 'ne Frau nöadeg was. 'n paar Dörper wider wunnde 'nen riken Koapmann met 'n paar Döchters. Hermann dachde, dat doar noch wal wat achter satt. Doarüm güng hee noa de Vader van dee Wichter un fröög, of he eene van sine Döchters kriegen kunn. Dat was froger faker soa.

»Dat kann wall geböahren. Wenn du di eene utsochs, will ick di ock seggen, wat se metkriegt. Dat hang ock van 't Auler of. Stine, de jüngste, krigg fiewdusend Mark, Wilma söwendusend un Herta krigg tiendusend Mark met. Un nu moss du d'r is ower noadäinken.«

Hermann sä dann lachend: »Ick will mi't owerleggen. Men säigt is: Hebb i nich 'ne Dochter, dee noch 'n bettien äuler is?« Dat hadde hee nich.

Men Hermann keek nich bloß noa Gäild. Faker güng hee in de nöachste Tied noa dee Lö, üm de Katte ut 'n Buss te luren, un nao een Joahr was et soa wiet: Hee wählde Wilma, de tweede, un was d'r in sien heele Lewen glückeg met. Hee hef wal nich up de lesten dreedusend Mark kecken, men hee sall doch faker seggt hebben: »Gäild makt wal nich glückeg, men ock nich unglückeg.«

Bar betahlen?

Bernd hef 'nen kläinen Laden un gut te doon. Wenn hee ock 'n kott Verstand hef, den Laden lopp gut, un Bernd hef gin Sorgen met de Finanzen. Sine Recknungen betahlt hee altied bar, un hee hef 'n moj Konto bi de Spoarbank.

Vöareget Joahr spröck hee up't Schützenfest met 'nen Mann van de Spoarbank ower Gäild und dat hee altied bar betahlde.

»Woarüm dat dann«, seg den Mann, »et is doch vull eenfacher, wenn du Schecks utstäils un bi uns ofgifs. Du hes ja genog Gäild bi uns up dien Konto.«

Dat geföll Bernd un schreew nu altied Schecks, wenn d'r Recknungen te betahlen wassen.

Dat güng 'nen heelen Sett gut, bis sien Konto eenes Dags oareg owertrocken was. Wu hee den Mann van de Spoarbank tröff, wod'de hee froggt, wenneär hee is wat up sien Konto owerwiesen woll. Hee was al meähr as tweedusend Mark schüldeg.

»Tweedusend Mark«, seg Bernd, »dann will ick di men foart 'nen Scheck utstellen.«

Hüßien

In Nijnhus säigt se Hüßien, in annere Gemeenden van unse Groafschup säigt se Hüüsken: Pöttien - Pöttken, Peärtien - Peärdken, Dößien - Döösken, Köppien - Köppken. Soa verschäiden is dat in unse Groafschup. Men wi verstoaht' uns heel best, ock wenn et üm Hüßien of Hüüsken geht: Vandage säigt se Toilette of WC.

Dat Hüßien was froger achter 't Huus. In't Wijnter was et doar schlimm kault met 'n bloaden Eärs, want de Wijnd puusde van alle Kanten.

Un nu was Opa Harm in't Sommer bi de junge Lö inladen: Grilloawend! See satten alle in' Goarn. Et gaf Schnitzel, Wössies un 'ne Placke Stute. Ock de aule Baas hadde Pleseär bi dat junge Volk.

Wenn d'r is eene noa de Peäre kiken mus, dat hett, wenn d'r eene hen watern woll - froger güngen se dann eben in' Peärestall - dann güngen sie hier in't Huus. Opa hadde dat alle sehn, un dann sä hee to sien Broär: »Wat is't doch 'ne annere Tied. Froger hebb wi in Huus etten, un wenn et nöareg was, dann güngen wi up't Hüßien noa buten of in' Peärestall. - Un vandage? Etten doot' se buten, un dat Annere geböart in Huus. - Verkeährde Welt!«

De Moand

Et is al ower twinteg Joahr leden, do hadde wi in Nethorn Gebreck an Arbäiters in de Febriken. Doarüm wodden ut et Butenland - ut Portugal, de Türkei un ut annere Läinder - Lö haalt, üm hier te warken. De meesten hebbt sick gawwe (schnell) inleewt. See könnt ock al dütsch proaten, eenege sogar platt.

Kottens sög ick in mine aule Schole 'n kläin schwatthöareg Kerltien, dat richteg Groafschupper Platt proat'de. Ick hebb mi freut un em twee Mark föar 'ne Toafel Schokela gewen. Dat Kerltien keek mi met sine grote brune Oagen an un sä: »Danke, Unkel, du bis heel lieb.«

Men wu dee Butenlandschen froger in de Groafschup kwammen, kunnen de meesten gin Wörtien dütsch proaten. Dat was nich eenfach, besünners bi de Arbäit. Men soa sachies (langsam) hebbt se et doch leährt.

Ut disse Tied könnt se 'ne heele Masse Geschichten vertellen. Hier bloß eene: Georg was met Ibrahim, 'nen Türken, 's oawends ut de Febrik kummen. Ibrahim kunn noch nich gut dütsch proaten. Unnerwechens wis hee up de Moand un seg: »Du, Georg, wie heißt sich da oben Kollege von Sonne, wo hat Nachtschicht?«

Schäiden

Franz trefft sinen Freund Werner, den sine gude Frau vöar'n paar Joahr verloaren hef.

Franz segg: »Werner, ick hebb höart, dat du weär traut bis, stimmt dat?«

»Joa«, segg Werner, »dat stimmt. Veär Joahr hebb ick mi beholpen. In de eärste Tied güing et noch, want Kijner hebb ick ja nich. Men dann güing et nich meähr: Altied alleene, schmeärege Hemden, Gade in de Strüimpe un wat et Schlimmste was: Altied in de Weärtschup etten.«

»Dat is doch rar«, segg Franz, »jüst doarüm hebb ick mi kottens schäiden loaten.«

Et Moped

Noa'n lessten Krieg kwammen soa langsam de Mopeds in Mode. Dat hadden de meesten Lö noch nich sehn.

Heinrich hadde ock 'n Moped kofft un föahrde d'r met noa de Karke. De Fietzers wassen verwunnert, dat Heinrich an eähr verbisusde, sunder dat hee de Pedalen treen muß.

Up de Trüggeweg steht Heinrich met sine Brummfietze an de Stroate, do kump Johann up sine Fietze. Hee stigg of und frogg: »Woarüm föahrs du nich, will't nich meähr?«

»Nee«, segg Heinrich, »ick hebb d'r gin Benzim meähr up.«

Do segg Johann: »Gut, dat du d'r wat van verstehs. Ick was d'r üm widerföahrt.«

Stammtoafel

See sitt' moal weär an de Stammtoafel (Stammtisch): de Dokter, de Schendarm, de Aptheker, 'nen Mester, 'nen Koapmann un 'nen Backer.

Ider Frijdagoawend is dat soa, un se hebbt altied vull Pleseär.

See targert sick gerne 'n lück un stellt sick ock faker Froagen, woar se van meent, dat den annern se nich beantworten kann.

»Segg is, Dokter«, segg den Mester, »wuvull Hoare hef 'n Mäinsche up'n Kopp?« - »Dat is verschieden«, segg den Dokter, »Fraulö hebbt gewöhnlek soawat hunnertdusend Hoare.«

»Un wu is dat bi Mannlö?«
»Ja, bi de Mannlö hang et doarvan of, wu gut see traut bint.«

Een anner Moal wodd de Aptheker an't Telefon ropen. Hee kwamm trügge, nömm sinen Hoot un güng.

»Wat is dat dann«, röpen de annern, »soa gawwe noa Huus? Is wat peßeärt?«

»Nee, men mine Frau hef seggt, wenn ick nich foart kwamm, dann woll see kummen.«

Hoare

Hermann was Mürker. De Baas woll em bi de Arbäit sprecken; men Hermann was d'r nich.

'n annern Dag frogg de Baas: »Hermann, woar bis du gistern tüschen elf un twalw Ühr wesst? Ick hebbe di socht.«

»Ick bin bi'n Scheärbaas wesst un hebb mi de Hoare schnien loaten.«

»Un dat in die Arbäitstied? Dat geht doch nich.«
»Mine Hoare bint doch ock in de Arbäitstied wassen.«

De Baas: »Aber nich alle.«

Hermann: »Dat stimmt, Baas. Men ick hebb ja ock nich alle Hoare schnien loaten.«

De Woage

Froger stünd hoaste up ider Bahnhof 'ne Woage, woar 'm sick up weegen kunn. Men muss sick up 'ne Plate stellen un 'nen Groschen instecken. Dann summde et eben, un ruckzuck föll de Weegekarte in' Schöaltien. Vöarne up de Karte stünn et Gewicht, un achter stünn, wuvull Kilo men bi de verschiedene Längten weegen sull.

Hermann was met sine Greta in Ossenbrügge wesst. Bi de Trüggeräise mussen se noch 'n Settien up eähren Zug wochten. Nu hadde Greta endlek Tied, sick is moal te weegen. Also drup up de Woage, Groschen drin un summ - et Weegekärtien föll in et Bäckien. Nijschiereg keek see noa eähr Gewicht un ock up de Rückside, wat se noa eähre Längte weegen sull.

»Na«, seg eähren Hermann, »du bis in de lesste Tied wal oareg dick wodden. Fiew Kilo kanns du wal te vull hebben, wat?«

»Nee, Hermann«, seg Greta, »Mien Gewicht stimmt wal, men noa de Karte mott ick äigentlek sess Zentimeter länger wesen.«

Schick up, Wicht!

Froger hadden de Lö in de Burschuppen säilden Telefon. Men see wüssen sick te helpen. Wu ick noa'n Krieg Schoolmester in Ringe was, hebb ick dat noch sölws beleewt.

De Lö wüssen, dat de Dokter ider Dag met sien Auto döar't Dorp föahrde. Wenn hee dann brukt wod'de, gawwen de Lö bi'n Koapmann Koops of Sloot of Wieferink Bescheed, un den ställde dann 'nen Stohl an de Stroate. Dat was föar den Dokter et Teeken, dat hee doar froagen muss, woar hee henkummen sull.

45

Soa wod'de den Dokter ock noa 'nen Bur stürt, woar de Magd krank was, dee al dree Dage in Berre lag. See wüssen nich, wat se hadde. Et Etten schmakde eähr noch wal, un ower Seärte hadde se ock nich klagt. »Dann mott ick is kiken«, sä de Dokter un güng in de Schloapkamer.

»Du bis krank, hef mi de Bur seggt, men krank söss du nich ut. Wat hesse dann?«

»Och, Dokter«, flüsterde dat Wicht, »krank bin ick nich; men de Bur hef mi al dree Moand gin Loahn betahlt, un do dachde ick, dat ick men 'n paar Dage in Berre bliwen woll, dann betahlt hee velicht.«

Dat was föar de Dokter nix Nijes. Hee wüss, dat de Bur schlimm giereg was. Doarüm sä de Dokter (ut Spoaß natürlek): »Du hess noch Plaas in dien Berre. Schick up, ick legge mi bi di, ick kriege d'r ock noch Gäild van.«

De Knöppies

In disse Geschichte geht et ower frogér un vandage (heute), hoppentlek föar ault un jung van Interesse.

Wat was et doch 'n Behelp in frogere Tieden, wu et noch ginnen Strom gaf. Wenn 'm 's oawends in' Düstern noa Huus kamm, muß 'm sick met 'ne Sticke (Streichholz) behelpen, bis de Keärße of de Petroleumlampe anstokken was. Un wenn 'm in de Nacht upwakde, durde et 'nen heelen Sett, bis dat 'm Lecht hadde van 'ne Keärße of 'n Öllilämpien. Un 's nachens up't Hüßien, dat gewöhnlek achter't Huus was? Entweder bi Kaule, Wijnd un Weär in' Düstern of met 'ne Stallampe! Un, un, un…, ick kunn d'r wal 'n paar Siden ower schriewen.

Un vandage? Ick kumme 's oawends in' Düstern noa Huus. 'nen Druck up't Knöppien (Knöpfchen), un et elektrische Lecht brannt up'n Flur. Un noch'n Knöppien in de Köcken un noch eent in de Wunn- of Schloapkamer! Un wenn et kault is: Nich 'nen Kachel met Hault of Torf anböden; eben de Heizung andräjen, un noa'n paar Menüten is et worm. - Ginne Waschebali of Wanne met 'n Waschebrett; 'nen Druck up't Knöppien, un de Waschmeschine lopp. - Ginne Kockmeschine; 'nen Druck up't Knöppien, un den Elektroherd is an, worm of heel worm of heet. - Of et Water in' Waschbekken, in de Badewanne of föar de Dusche: Nich ut de Pütte (Brunnen) of Pumpe; eben den Hahn dräjen, un et Water lopp, kault of worm of heet. - Un in hoge Hüse de lastege Trappen? Druck up't Knöppien, un den Fahrstohl kump. - Of et Radio un et Fernsehgerät: 'nen Druck up't Knöppien, un wi hebbt de Welt bi uns in Huus.

Wat macklek (einfach) is et vandage. Soa gut was et froger würklek nich.

Ick trure dee aule Tieden nich noa, un ick will se ock nich weär hebben. Men et spiet' mi doch, dat unse jüngere Generation et nich moal twee of dree Dage metmaken kann.

De Tied

Et gif Lö, dee altied noch 'n bettien Tied hebbt, wenn se ock vull Wark hebbt. Un dann gif et Lö, dee altied drock bint un nojt Tied hebbt. Men kann d'r sölws heel wat an doon, dat 'm Tied hef - föar sick, föar de Femili, föar de Allgemeenhäit, ock föar sine Freunde. Ick hebb moal 'n moj Woart höart: »Nemm di Tied föar dine Freunde, anners näimp de Tied di dine Freunde.«

De Tied wodd uns döar de Uhren un Klocken anwesen. Men see geewt äigentlek 'n verkeährt Bijld. De Wiesers

(Zeiger) goaht rund un kummt noa twalf Stunde altied weär up de sölwe Stee. Men de Tied lopp verdann un kump nich weär; see lopp verdann, wenn du se ock mangs gerne fastehollen of trüggehalen woss. Du kanns wal trüggekiken in de Vergangenhäit un di ower dit un dat freuen of argern, blide of tröareg wesen; men trügge-halen kanns du se nich.

Un doarüm bemöje di, dat du dee Tied, dee vöar di ligg, soa verbrengs, dat du later geröst un sunder Arger un Spiet (Reue) trüggekiken kanns.

Ick kann d'r noch vull meähr schriewen, ock ower de Lö, dee met eenmoal up't Krankenbedde soa vull Tied hebbt; men dit sall föar vandage genoog wesen.

Denkt d'r is ower noa!

Well tefreden

Je äuler de Lö bint, üm soa meähr wott' se froggt: »Wu geht et?«

De Antwort hett dann faker »Wal gut« of »Et geht« of »Et wott nich better« of »Et Auler kump met alle Ge-brecken«; mangs ock »Heel best.«

In unse Groafschup was bi 'nen groten Bur 'nen Schöa-per, Jan, den ower hunnert Schoape versorgen muss. Sine Aulers wassen arm wesst un hadden söwen Kinner hat. Kinnergäild gaf et dumoals noch nich; doarüm was hee al as Junge van twalf Joahr noa 'nen Bur kummen un doar altied blewen.

To't Trauen was hee nojt kummen; hee hadde ja sine Schoape un sinen Karo, 'nen Schöaperhund, den em bi't Höden hölp.

Nu was Jan al ower tachenteg Joahr ault un doch noch Dag föar Dag buten - bi Sünnenschien un Regen, bi

Wijnd un Weär. Hee kunn nich meähr gut lopen un wod'de schlimm van Rheuma ploagt. Men sine Schoape verlööt hee nich; dat was sine Welt, un bi sinen Bur hadde hee et gut. Alle, ock de Kinner, wassen leew to em; hee kreeg doar meähr as sien Gnadenbroat.

Faker frögen em de Lö: »Janoahm, wu geht et di?« Dann sä hee gewöhnlek bloß twee Wöarde: »Well tefreden!«

Noa'n Dokter of in't Krankenhuus? Dat was te dür, un in de Krankenkasse was hee nich. Soa hef Janoahm bis kott vöar sinen Doad as Schöaper sine Plicht doan, telesst schleppend un met grote Seärte döar sien Rheuma; men hee was doch altied tefreden.

Of wi - ault un jung - ock in unse Tied noch wat van »Jan Welltefreden« leähren könnt?

Ick wünsche u alle: Weest altied well tefreden!

Inhaltsverzeichnis